QUATRE VICTIMES

AU MUSÉE D'ORLÉANS

Par M. DESNOYERS

DIRECTEUR DU MUSÉE HISTORIQUE,
MEMBRE DE LA SOCIÉTÉ DES BELLES-LETTRES,
DE LA SOCIÉTÉ ARCHÉOLOGIQUE ET AUTRES SOCIÉTÉS SAVANTES

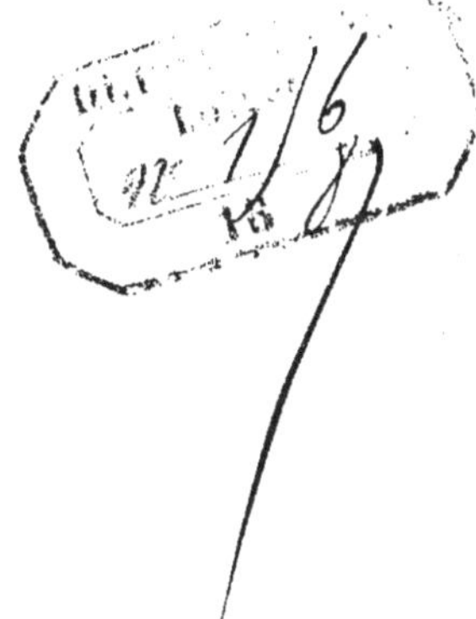

ORLÉANS

H. HERLUISON, LIBRAIRE-ÉDITEUR

17, RUE JEANNE-D'ARC, 17

—

1886

QUATRE VICTIMES

AU MUSÉE D'ORLÉANS

Par M. DESNOYERS

DIRECTEUR DU MUSÉE HISTORIQUE,
MEMBRE DE LA SOCIÉTÉ DES BELLES-LETTRES,
DE LA SOCIÉTÉ ARCHÉOLOGIQUE ET AUTRES SOCIÉTÉS SAVANTES

ORLÉANS

H. HERLUISON, LIBRAIRE-ÉDITEUR

17, RUE JEANNE-D'ARC, 17

1886

(Extrait des Mémoires de la Société des Belles-Lettres, 1887.)

QUATRE VICTIMES

AU MUSÉE D'ORLÉANS

MESSIEURS,

Qu'est-ce qu'un Musée? Une réunion d'objets plus ou moins rares? Cette réponse serait celle des esprits vulgaires. Serait-ce une réunion faite pour le plaisir des yeux? Autre réponse des esprits incomplets. Est-ce un lieu d'études? Oui, Messieurs, cette réponse est exacte et la seule qui soit vraie, et je lui ajoute cette autre : qu'un Musée est la glorieuse nécropole où chaque siècle, à mesure qu'il disparaît, dépose ses pensées, ses habitudes, son travail, son âme, et leur assure ainsi l'immortalité. Les générations peuvent, grâce aux Musées, descendre tranquillement dans leurs tombes, car leurs œuvres resteront impérissables, nous pourrons toujours suivre, étudier, juger l'âme humaine dans tout ce qui la compose, ses vertus et ses vices, ses qualités et ses défauts.

Je parcourais, il y a quelques jours, une des salles de l'hypogée de la rue Neuve, en ruminant ces pensées philosophiques, lorsque mes regards tombèrent sur quatre instruments de chant et de musique aujourd'hui disparus de nos églises et de nos réunions musicales : ils dormaient paisiblement, côte à côte, mais je ne sais quelle mélancolie

planait au-dessus d'eux. Je ressentis une grande compassion pour ces quatre ensevelis dans un sommeil qui ne
doit plus finir, ces quatre dormeurs inconsolés, parce qu'ils
sont devenus inconnus, ces quatre victimes du progrès
musical, qui, en oubliant ses devanciers, serait coupable
d'une odieuse ingratitude, et pour les consoler dans la
solitude où les visiteurs du Musée ne les abordent pas,
je résolus d'écrire et de vous raconter leur histoire.

Ceux d'entre vous, Messieurs, qui ont parcouru longue-
ment les chemins de la vie, doivent se rappeler un instrument en bois, aux ondulations régulières, revêtu d'une
peau noire comme l'ébène et aboutissant, par quatre replis,
à une petite embouchure: le son en était doux, grave,
sérieux et tout à fait en rapport avec la dignité des cérémonies et du chant tranquille de nos églises; les joueurs
vulgaires le maintenaient dans la gravité de son jeu, mais
les instrumentistes habiles savaient en vivifier le son, et
ceux qui étaient artistes avaient su l'introduire avec succès
dans les réunions musicales, où il tenait fièrement une
place honorable; il avait la forme d'un reptile et portait à
juste titre le nom de *serpent*.

On lui donne le XVIe siècle pour origine, et les écrivains
musicaux, qui d'ailleurs en parlent ou fort peu ou avec
indifférence, ne lui assignent pas une origine plus
ancienne; je ne partage pas leur froideur et leur opinion,
et je veux venger le serpent contre la brièveté de leur langage et la date de son origine.

Non, le serpent ne mérite pas le demi-silence des auteurs,
qui ne lui donnent ni louange, ni blâme; encore moins
mérite-t-il leur critique, car sa longue vie a été fort glorieuse. N'est-ce pas lui qui soutenait avec puissance la
voix des chantres des plus fameuses cathédrales? Sans
doute, il ne dédaignait pas les modestes églises de nos
campagnes et leur accordait son bienveillant concours;
mais son théâtre, le lieu de sa gloire, était nos plus
belles églises et nos lutrins les mieux conduits; il y trônait

sans rival, il y soufflait sans craindre même les meilleures orgues : que serait devenu sans lui le chant livré au caprice, au désordre même de la voix ? Nos chantres les plus fameux lui devaient un appui, un complément nécessaire; jamais, sans lui, leurs poitrines d'acier n'eussent possédé cette ampleur, cette sonorité souple, majestueuse, qui nous ravissait : en vain ils eussent, plus souvent encore que de coutume, voulu puiser dans la liqueur de Noé la force du tonnerre et la douceur du zéphir, ils fussent restés impuissants et condamnés à chanter sans vigueur et sans gloire ; mais, grâce à lui, au serpent conducteur, ils chantaient comme le Grec célébré par Homère, et quelques-uns de leurs noms traverseront avec honneur les générations futures. La cathédrale d'Orléans a joui de ce privilège ; le nom de Macé erre encore sur les lèvres de ceux qui l'ont entendu tonner sous les voûtes de Sainte-Croix, et lorsque les élèves du Séminaire, dont je faisais partie, sortaient de la cathédrale, notre première parole était : « Avez-vous entendu le père Macé ? Quelle voix ! quel chant ! » Mais il faut bien vite dire que le serpent lui venait en aide pour soutenir le merveilleux travail de ses poumons et qu'une autre célébrité de la maîtrise de la cathédrale, François Barillé, lui prêtait le concours de son instrument, sans lequel, tout Macé qu'il était, il ne fût jamais parvenu à la gloire. Ah! Messieurs, qu'il était beau à voir dans sa stalle, ce fameux François Barillé, lorsque, tenant avec fierté son serpent, comme Apollon tenait sa lyre, il soutenait et gouvernait toutes les voix du chœur obéissant à ce chef respecté! Mais il était plus beau encore à contempler dans une procession, lorsque, tenant avec élégance son fidèle serpent, il s'avançait balançant doucement son corps et promenant avec souplesse ses doigts sur l'instrument docile qui faisait jaillir partout des flots d'harmonie; il sentait bien qu'il était la vie, l'âme de cette procession. J'ai vu, Messieurs, cette marche triomphale et les beaux jours de la gloire de François Barillé : c'était un enfant du peuple, un modeste tailleur de la rue Bourgogne, près la venelle Saint-Germain : mais il était grand par son amour de la science du serpent et il s'était élevé à la hauteur d'un artiste. On oubliait, en l'écoutant, sa taille petite, large, ronde, et il ne restait plus que l'artiste incomparable, le roi des serpents, en un mot François Barillé ! Et il avait raison de se glorifier de son instrument, car si l'antiquité d'un objet commande le respect, celui dont je vous parle remontait certainement à l'époque du moyen âge. Je sais bien qu'on attribue l'invention du serpent à Edme Guillaume, chanoine d'Auxerre, au XVI° siècle : mais cette attribution est évidemment faite à la légère, et les auteurs musicaux qui ont écrit pareille erreur n'ont pas attentivement regardé la forme du serpent et sérieusement médité sur la singulière facture de cet instrument, dont la création doit appartenir au moyen âge : c'est évidemment lui et nul autre qui l'a rêvé et exécuté : voilà bien son langage, son habitude, son esprit. Écoutons bien.

Vous savez combien cette époque aimait et pratiquait l'allégorie et le symbolisme : ses splendides cathédrales symbolisent le vaisseau de l'Océan et l'arbre des forêts ; ses sculptures symbolisent les vertus et les vices : ses cérémonies symbolisent l'infini, l'invisible, la nature divine : ses tours symbolisent les élévations de l'âme : ses cloches symbolisent l'appel de cette même âme aux assistances du ciel, ses joies et ses douleurs : les instruments du chant ont dû être également inspirés par la même pensée symbolique et leur forme en provenir : le génie du mal avait triomphé de l'humanité en se revêtissant de la forme d'un serpent et avait ainsi brisé l'œuvre de Dieu : nos ancêtres ont dû vouloir forcer le moyen inventé par le démon à chanter les louanges divines : le génie du mal était ainsi contraint à devenir le serviteur de son ennemi : cela était cruel pour lui, et nos pères du moyen âge devaient éprouver une grande joie à se moquer ainsi chaque jour de la mé-

chanceté de Satan, qu'ils enchaînaient à la gloire du Maître
du ciel. Qu'on sourie de mon explication quelque peu
fantaisiste, soit ; mais on avouera au moins que nos aïeux
auraient trouvé un charmant épigramme.

Mais, hélas ! Messieurs, toute gloire a sa décadence, et le
serpent dut subir cette loi de l'humanité. Un jour, on en-
tendit murmurer à voix basse, dans les cathédrales, qu'un
nouvel instrument apparaissait à l'horizon et prétendait
sournoisement remplacer son prédécesseur. François
Barillé tendit anxieusement ses deux oreilles, et quand il
acquit la douloureuse certitude que l'usurpateur, appelé
forveil, s'avançait de plus en plus pour disputer et saisir la
place, une pâleur effroyable s'empara de lui : un coup de
foudre ne l'eût pas autant atterré ! Mais les grandes âmes
peuvent fléchir un instant pour bientôt se redresser plus
fermes et lutter avec un nouveau courage. François Barillé
était de cette noble race ; il lutta durant deux années
contre les empiètements audacieux du *forveil*, et durant
ces deux années de guerre conserva au serpent, dans la
cathédrale et dans beaucoup de paroisses, la place d'honneur et de royauté.

Hélas ! si le forveil fut arrêté dans sa marche usurpatrice
par les efforts et le zèle sans relâche de Barillé, il n'en fut
pas de même pour un autre instrument qui, réunissant les
qualités du *forveil* et celles du serpent, entra avec audace,
en l'année 1828, dans une lutte victorieuse contre ses deux
rivaux, le terrible *ophicléide !* L'ophicléide, après quelques
combats inégaux, triompha des deux adversaires, du serpent surtout, et dans le cours de la néfaste année de 1829,
une demande de la maîtrise et une délibération capitulaire
introduisirent l'ophicléide dans le chœur de la cathédrale ;
il fut dit à Barillé que le serpent ne paraîtrait plus dans
les offices de l'église et serait remplacé par l'ophicléide du
sieur Vimeux, instrumentiste dans la garde royale en gar-
nison à Orléans. Cette décision brisa entièrement François
Barillé : c'était un second coup de tonnerre sur son front ;

mais il fallut cependant obéir et rentrer dans sa maison, qui, dès lors, devint pour lui un sombre désert et un tombeau anticipé. L'antiquité, Messieurs, nous a parlé des douleurs d'Hercule sur le mont Œtha; Virgile a chanté les larmes versées par les muses sur Daphnis; mais que faut-il dire des souffrances du malheureux François Barillé? Depuis ce jour, sa vie s'écoula dans une tristesse sans égale: la rue Bourgogne entendait ses gémissements continuels; Orphée pleurant Eurydice n'était pas plus inconsolable: comme lui il pensait chaque matin à son serpent, il y pensait le soir:

> *Te veniente die, te decedente canebat.*
>
> (*Géorgiques*, liv. 4.)

Son aiguille et son ciseau tombaient à chaque instant de ses mains défaillantes. Enfin, le chagrin terrassa l'infortuné François Barillé, et le 19 janvier 1844, il tomba dans son lit pour n'en plus sortir: il avait, depuis son départ de la cathédrale, suspendu à la muraille de sa chambre son glorieux serpent, afin de pouvoir le contempler le matin à son réveil, le soir à son coucher, et quand il sentit la mort arriver, son dernier soupir et son dernier regard furent pour le fidèle compagnon de sa gloire et de ses douleurs; il défendit, par testament, la vente à tout jamais de l'instrument qu'il avait tant de fois animé de son souffle inspirateur. Sa volonté fut respectée, et on lisait encore, il y a quelque temps, sur sa tombe, l'inscription suivante:

> Ci-gît Barillé, le Serpent.
> Longtemps il gouverna le chant
> De notre grande Cathédrale.
> L'oublier serait un scandale:
> Bon père, bon mari, bon voisin, bon tailleur,
> Il est mort à la peine et tué par la douleur.

L'infortuné Barillé ne fut pas la seule victime de la décision capitulaire. Dans le faubourg Saint-Marceau vivait une célébrité créée par le serpent : il y avait là, remplissant les importantes fonctions de sacristain, un artiste qui avait reçu du ciel le don de tailler les serpents : il était petit, rondelet ; le génie animait son coup d'œil, dirigeait son ciseau, et quand je le voyais dans son atelier, à la porte de l'église, découper et creuser son bois obéissant, il me semblait voir Phidias créant sa *Minerve* et Michel-Ange créant son *Moïse*. Cet artiste s'appelait Verger ; son nom était sur les lèvres de tous les serpentistes ; on disait parmi eux : « Jouer de son verger », comme on disait ailleurs : « Allumer son quinquet, porter son gibus, boire son vial ». Il faut bien ajouter qu'un autre artiste, relieur de son métier, demeurant rue Bourgogne, auprès de la Préfecture, complétait l'illustre Verger en couvrant de peau, avec une grande habileté, l'œuvre du sculpteur de Saint-Marceau. Le même coup frappa impitoyablement et Verger et Foucher ; ils tombèrent tous deux frappés par l'ambitieux forveil et contraints désormais à se réfugier tristement dans les vulgaires occupations de sacristain et de relieur.

Mais la justice du ciel ne tarda pas à éclater. Le *forveil*, coupable d'avoir ouvert le premier le combat contre le serpent, le forveil n'eut qu'un règne éphémère. Comme toute personne qui n'a pas une allure franche, une situation loyale, il tomba bientôt dans le discrédit : il était moitié bois, moitié cuivre, tenait du serpent et de l'ophicléide, et comme la chauve-souris de notre bon La Fontaine, il pouvait dire :

> Moi, passer pour oiseau ? Je n'ai pas de plumage.
> Moi, passer pour souris ? Mais regardez mes ailes.
>
> (Liv. 2, f. 5.)

Ce forveil était un instrument malhonnête, il méritait la flétrissure infligée aux doubles agissements par le même fabuliste, qui est également un grand philosophe :

Plusieurs se sont trouvés, qui d'écharpe changeants,
Aux dangers qu'ils couraient ont souvent fait la ligue.
L'intrigant dit, suivant les gens :
Vive le roi ! vive la ligue !

(Liv. 2, f. 5.)

Le règne du forveil ne dura que quelques années : 1828 le vit naître, 1829 le vit attaqué par l'ophicléide, et bientôt obligé de battre en retraite et de se réfugier dans les paroisses des campagnes ; enfin, 1845 le vit mourir. Ainsi finissent les usurpations : elles s'ensevelissent dans la honte et l'oubli !...

L'ophicléide resta donc le dominateur sans opposition, le roi sans rival. Il avait commencé son règne par un coup de maître : une attaque brusque et audacieuse l'avait fait entrer dans nos églises, et il faut avouer que son jeu, plein de force tout ensemble et de douceur, la franchise de sa composition, où le cuivre seul avait été admis, la puissance des clés de son organisation, lui avaient valu un succès mérité. En vain, durant quelques années, le forveil voulut lui disputer la victoire, la résistance fut inutile, et l'ophicléide gouverna toutes nos églises, durant cinquante-quatre ans, sans que nul adversaire vînt troubler son empire.

C'était, il est vrai, Messieurs, un riche instrument que l'ophicléide ! Pour l'apprécier à sa juste valeur, il ne fallait pas l'entendre jouer par un de ces souffleurs médiocres que l'on rencontre dans nos églises de village, mais par un véritable artiste, un musicien digne de ce nom, par un Vimeux ! Notre cathédrale possédait cet instrumentiste, et il fallait l'entendre donner à son ophicléide les sons les plus élevés comme les plus graves, les plus majestueux comme les plus allègres ; l'harmonie dans toutes ses richesses, dans toutes ses séductions, coulait à flots de son double instrument, et quand il se taisait, on l'entendait encore ! Ses successeurs, Pelletier et Michel, n'ont jamais monté au rang qu'il avait su conquérir, et quand il mourut, l'ophicléide ne revit plus les jours de son ancienne gloire ;

peu à peu les oreilles se fatiguèrent de l'entendre : on sur-
prit d'abord quelques critiques timides attaquer son utilité :
bientôt la parole devint plus vive, on ne craignit pas de le
mettre au rang du *trombone*, que l'on qualifiait d'insuppor-
table, bon à reléguer dans les eldorados et les alcazars, au
rang de la lourde et grognante contrebasse. « Qu'il dispa-
« raisse », s'écriaient les conspirateurs avec cette même li-
berté de langage sous laquelle avait succombé le serpent.
« Nous tolérerons Michel jusqu'à sa mort ; mais il n'aura
« pas, nous le jurons, de successeur : c'est l'orgue qui rem-
« placera serpent, forveil, ophicléide. Nous avons chassé le
« trombone, nous voulons chasser tous ses autres compa-
« gnons aussi braillards que lui. » Les pieux révolution-
naires tinrent parole, et quand Michel descendit dans le
tombeau, l'ophicléide reçut également l'ensevelissement du
silence éternel ; il alla rejoindre ses deux compagnons d'infortune, et c'est l'orgue qui maintenant trône sur les trois ca-
davres, autrefois si vivants, si beaux, si admirés !... Puisse
l'orgue régner longtemps, régner toujours, dans le calme
d'une valeur incontestée ! Il en est digne, assurément, car lui
n'a pas encouru la honte d'une usurpation orgueilleuse ; il a
recueilli loyalement une succession dont il n'est pas coupable. Mais, hélas ! Messieurs, les règnes les plus légitimes
ne sont pas à l'abri des perfides révolutions, et déjà un
petit instrument, traîtreusement modeste, veut diminuer
l'importance du grand orgue ; il a pris, sans doute, la se-
conde place, mais il a des espérances secrètes, il caresse
les jours futurs ; nommons-le : c'est l'*Orgue de chœur*, se
mesurant déjà avec son maître et le menaçant, quoique
sans bruit séditieux, de le condamner un jour au silence
du tombeau. Ah ! de grâce, qu'on épargne à tout jamais le
grand roi de l'harmonie. N'avons-nous pas assez de révolutions musicales ? Les morts que j'ai pleurés ne suffisent-
ils pas au besoin coupable de détruire ; et les plus ardents
séditieux ne doivent-ils pas être contents des ruines qu'ils
ont accumulées ?

J'ai parlé, Messieurs, de trois victimes que je puis appeler royales, car leur existence a été grande et triomphale ; mais il en est une quatrième dont notre Musée a recueilli pieusement les respectables débris ; sa vie a été, sans doute, obscure et cachée, mais elle n'a pas été sans quelque gloire, et nos paroisses de campagne lui ont dû des jours de vraie jouissance et de bonheur bien pur : c'est le *porte-voix !* instrument n'ayant jamais osé demander au cuivre une brillante naissance qu'il a obtenue de l'humble fer-blanc, mais qui, malgré sa pauvreté apparente, exerçait une véritable puissance dans les églises de nos populations agricoles ; il se mettait de tout cœur au service du peuple, qu'il aimait à réunir aux pieds du bon Dieu. Ah ! celui-là était vraiment son ami, et son influence démocratique était sans aucun danger. Ne hochez pas la tête, Messieurs, car le porte-voix préside aux savantes manœuvres de la marine ; il règle la marche des géants de la mer, il a conduit les luttes et les victoires de Jean Bart, de Duguay-Trouin, de Tourville, de Courbet, et sa puissance n'était pas moindre dans nos églises rurales : il fallait l'entendre dans celles de Saint-Florent, Beaulieu, Aillant-sur-Milleron ; dans cette dernière surtout, un excellent joueur lui donnait une sonorité merveilleuse, la voûte de l'église retentissait des notes foudroyantes tour à tour et suaves parties de l'humble instrument et les souvenirs de ses anciens habitants redisent encore avec chaleur le nom du père *Guérinet*.

Il faut bien dire quelques mots de cet artiste, qui avait eu pour prédécesseur un magister fort renommé dans la pratique du porte-voix, Antoine Molveau ; il était tout ensemble maître d'école et chantre au lutrin de la paroisse, où, chaque dimanche, il charmait les habitants par l'habileté de son jeu ; il se distingua surtout le jour de l'installation d'un nouveau curé, M. Méry, en janvier 1848, et il se distingua si brillamment que le maire d'Aillant, M. Després, quelque peu poète, chanta en vers l'habile instrumentiste, qui, le ciel lui pardonne, participant aux faiblesses de la nature humaine, avait une imperfection, une seule, qui d'ailleurs mettait en relief ses autres brillantes qualités : le père Guérinet cultivait trop le fruit de la vigne, et le poète Després le lui reprocha doucement dans une pièce de poésie où, parlant du déjeuner d'installation du nouveau curé, il s'écriait :

> Et Guérinet, *mirabile dictu !*
> Au déjeuner n'avait pas encor bu...

Il n'a pas survécu longtemps à la chute de son harmonieux porte-voix ; il mourut à quatre-vingt-cinq ans, après s'être réfugié, pour calmer ses douleurs, dans le commerce de marchand de chiffons.

Hélas ! comme ses trois infortunés compagnons, le porte-voix est donc tombé au champ d'honneur, après avoir longtemps bataillé contre les établissements de ses audacieux rivaux ; il a été inhumé dans les fonds poudreux des armoires vermoulues de sacristie ; celui d'Aillant, autrefois si beau, si fier, a reçu un outrage encore plus flétrissant : une main ingrate et sacrilège l'avait condamné à servir de gouttière !... et c'est là, après de longs jours d'ignominies, que je l'ai trouvé meurtri, déchiré et implorant une compassion que tous lui refusèrent. J'ai voulu la lui accorder, Messieurs, et après avoir respectueusement lavé ses meurtrissures, rendu à son corps défiguré son ancienne forme, je l'ai placé honorablement auprès de ses quatre compagnons d'infortune.

Ces quatre victimes ont été recueillies avec soin dans la nécropole de la rue Neuve et ainsi mises, grâce à l'ingénieuse piété de la direction, à l'abri des ravages du temps, des oublis, de l'ingratitude et des mépris de l'ignorance ; elles y resteront toujours dans un sommeil tranquille et honoré, sans avoir à craindre la main destructive des revendeurs et le dédain des archéologues incomplets ; elles ont pu quelquefois, durant leur vie, oublier un peu les lois de l'harmonie et même se quereller entre elles, mais aujourd'hui leur accord est parfait, et vous n'assisterez jamais à la pénible scène racontée par le poète Patrix du XVIIe siècle et que je ne résiste pas à rappeler à votre mémoire rhétoricienne :

> Je rêvais cette nuit que, de mal consumé,
> Côte à côte d'un pauvre on m'avait inhumé,
> Et que n'en pouvant pas souffrir le voisinage,
> En mort de qualité, je lui tins ce langage :
> « Retire-toi, coquin, va pourrir loin d'ici ;
> Il ne t'appartient pas de m'approcher ainsi.
> — Coquin, me répond-il d'une arrogance extrême,
> Va chercher tes coquins ailleurs, coquin toi-même !
> Ici, tous sont égaux ; je ne te dois plus rien :
> Je suis sur mon fumier, comme toi sur le tien. »

Ne craignez pas, Messieurs, que l'aristocratique ophicléide tienne pareil langage au populaire porte-voix dans l'hypogée de la rue Neuve : le jour même de leur ensevelissement commun, ils ont tranquillement uni leur sommeil fraternel, et j'ai pu vous raconter leur histoire sans y mêler le récit d'une querelle d'outre-tombe.

Je finis en redisant, et vous le redirez avec moi : un Musée vrai, un Musée qui ne cherche pas à plaire aux désœuvrés et aux bonnes d'enfants, est un lieu d'études historiques ; c'est la nécropole où les générations humaines déposent tous les monuments de leur vie et s'assurent ainsi une immortalité que rien ne peut leur ravir : les peuples passent, les rois disparaissent, les lois périssent ; seuls les Musées resteront, comme les pyramides, immobiles dans leur impérissable science, toujours recueillant les débris de tous les naufrages et formant, sans relâche, pour toutes les générations à venir, un immense trésor de lumières, un cours d'histoire véridique, parce qu'elle est sans préjugé, sans passion, sans mensonge.

Voilà pourquoi les Musées auront toujours, pour les âmes sérieuses, un attrait irrésistible, car il s'y parle là un langage rempli de vérité et de charme; on y voit là une religion séduisante, la religion du souvenir, dont un de nos meilleurs poètes modernes, Prosper Blanchemain, a dit si gracieusement :

> Pour soulager dans leur souffrance
> Ceux qui pleuraient sans avenir,
> Dieu fit un frère à l'Espérance,
> Et le nomma le Souvenir,
>
> Le Souvenir, ange fidèle,
> Qui pleure sur les trépassés,
> Et qui réchauffe sous son aile
> Les cœurs mortellement blessés.

(Poèmes et poésies, t. I, p. 154.)

IMP. GEORGES JACOB, — ORLÉANS.